小学生のための
俳句入門
はいくにゅうもん
君もあなたも
ハイキング
俳句の王さま
監修 坪内稔典
編・佛教大学
くもん出版

第一章

友だちの俳句を見てみよう

※本書に掲載している俳句は、「佛教大学小学生俳句大賞」の入選作です。作者の所属・学年は、入選当時の情報であり、同一作者の複数の句が掲載されている場合があります。俳句の表記は、原文にならっています。

第一章

友だちの俳句を見てみよう

はるがきたトリケラトプスになれるかな

大阪府・石田　涼（高槻市立川西小学校一年）

きんぎょさんあなたのうえはこおりだよ

兵庫県・日川　あかり（伊丹市立池尻小学校一年）

タイランドはじめてきいたせみの声

マレーシア・岩國 安珠（ペナン日本人学校二年）

あまがえるどきどきするよおうだん中

島根県・谷口 優太（出雲市立高松小学校二年）

おはようと犬もはいてる白いいき

広島県・中川 かほり（安田小学校二年）

かたつむりちきゅうはゆっくりまわります

愛媛県・松原 琉也（愛南町立家串小学校二年）

ザリガニよでっかいハサミでかかってこい

兵庫県・井田 実世（伊丹市立瑞穂小学校三年）

みずのなかめだかがおるねうんおるね

兵庫県・安東 優哉（伊丹市立瑞穂小学校三年）

ウグイスもなき声ヘタなのいるんだよ

兵庫県・重松　沙奈（伊丹市立桜台小学校三年）

石がきにしまへび親子日なたぼこ

広島県・谷矢　浩太郎（世羅町立せらにし小学校三年）

ありさんよどこから来たのここ5階

東京都・矢澤 宙空（新宿区立戸塚第一小学校四年）

湯たんぽの代わりに抱（だ）いてほしいワン

京都府・神谷 咲良（八幡市立橋本小学校四年）

姉ちゃんと顔が似ている鬼やんま

和歌山県・湊谷　恭央（那智勝浦町立宇久井小学校四年）

カマキリがジャングルジムにさかだちだ

石川県・森下　莉子（白山市立北陽小学校四年）

居残りで群れるこうもりぼく一人

京都府・上村 柔毅（京都市立桃山東小学校五年）

青大将秘密基地へは通せんぼ

和歌山県・湊谷 恭央（那智勝浦町立宇久井小学校五年）

ジリリリリセミからセミへセミ電話

兵庫県・藤川 真帆（伊丹市立瑞穂小学校五年）

兜虫蜜に集まり会議中

京都府・谷田 一稀（与謝野町立加悦小学校六年）

教室をながめて回るおにやんま

京都府・平野 啓太（与謝野町立加悦小学校六年）

池のやご空飛ぶ夢を見てるかな

兵庫県・大塚 吉久（伊丹市立伊丹小学校六年）

動物の俳句の解説

いのちにふーむ ―― 山本純子

小学生のみなさんは、自分よりずっと小さな生き物に目を注ぐことが多いと思います。小さな生き物は、生き物の視点で一生けんめい生きています。みなさんの目は少し高いところから、小さな命をまわりの状況とともにとらえます。そして小さな命が、しっかり生きているなあ、と感心することがありますね。

あまがえるどきどきするよおうだん中　谷口優太

アマガエルが、車道をぴょんぴょんわたっていきます。谷口さんは、車がやってこないか、どきどきしながら見まもっています。本当は指でつまんで、向こう側へわたしてあげたいくらい。でも、アマガエルは「ちゃんと自分でわたれるよ」とばかりに、ぴょんぴょんとんでいくのです。アスファルトの灰色の上の、アマガエルの緑色が生き生きとしています。

カマキリがジャングルジムにさかだちだ　森下莉子

この句も、ジャングルジムの鉄パイプの色とカマキリの薄緑色の対比があざやかです。鉄パイプの固さとともにカマキリのやわらかさも伝わってきます。ジャングルジムにさかだちするって、人間なら体操選手級です。それをなんなくやってのけるカマキリに、森下さんは拍手をおくっています。

みなさんにとって、小さな生き物は小さな友だち。だから、つい話しかけたくもなるのです。

ありさんよどこから来たのここ5階

矢澤 宙空

マンションの五階でアリを見つけたのでしょうか。「アリさん、まさか自分の足でここまで上がってきたの？」「今五階にいるの、わかってる？」「ちゃんともとのところへおりられる？」と、矢澤さんは、アリに感心しながらも、ちょっと心配しているようです。

きんぎょさんあなたのうえはこおりだよ

日川 あかり

おそば屋さんの店先などに、金魚が泳いでいる大きな鉢がおいてあることがあります。冬になるとうっすら水面に氷がはって、氷を透かして見ると金魚がちょっとぼやけて見えます。

「金魚さん、気づいてないでしょ」「あなた、じつは氷の下にとじこめられてるんだよ」と、日川さんが金魚に教えてあげています。金魚は「えっ」と水面を見あげたかもしれません。

小さな命が生き生きと、生きているのを見かけると楽しくなります。そこから生まれた俳句は、読む人も楽しくします。

あなたも河馬に —— 坪内稔典

わたしたちの身近にいる動物は、たいていが季語になっています。

春　ウグイス、ヒバリ、ツバメ、カエル、チョウ、ハマグリ
夏　トカゲ、ヘビ、カ、ケムシ、アリ、セミ、ホタル
秋　イワシ、サンマ、トンボ、スズムシ、コオロギ、ミノムシ
冬　タカ、クマ、カモ、フグ、ブリ、クジラ、ナマコ、カキ

春はさえずる小鳥、夏は虫、秋はうまい魚や鳴く虫、冬は冬眠する動物や鍋料理の魚などが目立ちます。季語にすることで、わたしたちは動物と仲良く暮らしているのです。

ところで、季語になっていない動物もたくさんいます。猫や犬、スズメ、カラスなど。これらは一年中、いつも人とともにいます。それで季語になっていないのです。動物園や水族館にいる動物もその多くが季語になっていません。

ゾウ、キリン、カバ、サイ、ラクダ、パンダ、コアラ……。これらの動物園にいる動物で俳句をつくってみませんか。

まずはゾウ。ゾウの様子を目にうかべます。あるいは、動物園へ出かけて実際にゾウを見ます。

ゾウはなぜか鼻をぶらぶらしていました。そこで、

動物の俳句のつくりかた

ゾウさんはお鼻ぶらぶら春の風
ゾウさんは鼻をぶらぶら春の雲
ゾウさんのお鼻ぶらぶらチョウが来た

こんなふうにつくりました。春の風、春の雲、チョウが季語です。つまり、ゾウと季語を組み合わせてつくったのです。

動物と季語を組み合わせる。これが季語になっていない動物を俳句にするときのポイントです。

次はわたしのカバ（河馬）の俳句です。

桜散るあなたも河馬になりなさい
七月の水のかたまりだろうカバ
横ずわりして水中の秋の河馬
寝そべって山の息して冬の河馬

わたしはカバが大好きなのです。桜の花びらの舞い散る日、カバを見ていたら、「君もカバになったら」といってカバは大きく口を開けました。その口の中へも桜が散りました。

けいとうはどんとかまえてさいている

鳥取県・竹本 柊香（八頭町立大江小学校一年）

はっぱがねぜんぶおちたらのっぽの木

広島県・森川 みさき（安田小学校一年）

とれたてのキュウリとあくしゅいたかった

神奈川県・須田 匠（葉山町立葉山小学校二年）

そよ風とおしゃべりばかりふじの花

愛知県・山田 日菜子（碧南市立鷲塚小学校二年）

さといものはっぱはぞうの耳みたい

愛知県・榎本 塁（碧南市立日進小学校二年）

さつまいもひげをいっぱいはやしてる

滋賀県・鵜飼 真理（京都女子大学附属小学校二年）

ゴーヤくんつるのブランコるんるるん

京都府・伊藤 宙輝（京都市立常磐野小学校二年）

つくしさんアフロのかつらにあってる

京都府・立藤 悠理菜（綾部市立中筋小学校二年）

ブロッコリーもじゃもじゃ頭にマヨネーズ

新潟県・丸山 友思（十日町市立吉田小学校三年）

さくらんぼ右は母さん左は父さん

京都府・石井 愛貴（京都市立金閣小学校四年）

大根ひき地球を敵にしたみたい

東京都・田澤 諒磨（足立区立上沼田小学校四年）

ふきのとうふんばれふんばれ出てこいや

大阪府・迎 悠斗（高槻市立川西小学校四年）

山の中わらびめぐってジャンケンポン

京都府・内海 航太朗（南丹市立胡麻郷小学校四年）

紅葉（もみじ）の葉いっぱい集めダイビング

アメリカ合衆国・西原 令菜（聖学院アトランタ国際学校五年）

銀杏（ぎんなん）を洗（あら）って洗ってまだ洗う

和歌山県・中本 大貴（田辺市立大坊小学校六年）

植物の俳句の解説

すがたにほほう ―― 山本純子

小学生のみなさんは、タネが大好きですね。タネは土にまけば、どんどんすがたを変えていきます。命は成長していく、ということを間近で観察できるのが植物です。そして成長すると、うすい花びらが風にそよぐコスモスのような花もあれば、同じ秋の花でもこんな花もあります。

けいとうはどんとかまえてさいている　竹本柊香

鶏のとさかに似ているところから、鶏頭という名がつけられているように、鶏頭の花は肉厚で動物的です。少々のことでは風にゆらいだりしません。そんな鶏頭の特徴を「どんとかまえてさいている」と、竹本さんは表現しました。この句を読むと、どんとかまえた鶏頭が庭にほしくなりませんか。植物のすがたの特徴を、みなさんはいろいろに見てとります。

さといものはっぱはぞうの耳みたい　榎本昱
さつまいもひげをいっぱいはやしてる　鵜飼真理
ブロッコリーもじゃもじゃ頭にマヨネーズ　丸山友思

いわれてみれば、ブロッコリーはちょっと頭のような形です。レタスやキュウリに比べ、存在感がありますね。サラダにもじゃもじゃ頭が入っていると思うと、なんだか食卓がにぎやかに感じられます。

ゴーヤくんつるのブランコるんるるん **伊藤 宙輝**

ゴーヤの実がつるにぶらさがっている様子を伊藤さんは、ブランコに乗ってゆれている、と見ています。きっとまだ小さい実なんでしょう。「るんるるん」から、ゴーヤくんのじつに楽しそうな様子が伝わってきます。小学生のみなさんはもともと身のまわりから楽しさを発見するのが得意ですが、伊藤さんは俳句をつくることで、楽しさを発見する力をいっそうふくらませているようです。

とれたてのキュウリとあくしゅいたかった **須田 匠**

ところで、植物も成長して充実した実になると、みなさんには手ごわいこともあります。スーパーマーケットで買うキュウリには感じられないトゲの痛さです。

大根ひき地球を敵にしたみたい **田澤 諒磨**

畑の大根がなかなかぬけないのを、地球が大根をはなそうとしない、ととらえたところにからだの実感があります。ダイナミックなイメージがわく句です。この二句のようなめずらしい体験をしたら、俳句にして記録するといいですね。

名前を覚えよう ―― 坪内稔典

まず、わたしの俳句を紹介します。

せりなずなごぎょうはこべら母縮む
ほとけのざすずなすずしろ父ちびる

春の七草を詠みこんだ句です。

俳句をつくることを「詠む」ともいうのです。

みなさんは、春の七草を知っていますか？

わたしは春の七草をなかなか覚えることができませんでした。それで、あるとき、「そうだ、俳句に詠みこもう。そうすると、おのずと覚えるだろう」と気づきました。

それでできたのが右の俳句です。

子どもが成長すると、逆に父母は小さくなる感じがします。その思いを表現したのが、「母縮む」「父ちびる」でした。ちびるはすりへって小さくなることです。

この俳句をつくってから、わたしは覚えた草木の名前を俳句に詠みこむようになりました。

朝九時のすずめのえんどうくださいな

植物の俳句のつくりかた

道それて苺つなぎをきゅっと抜く
十月の椋も榎も見上げる木
月欠けて高三郎と出会った日

「すずめのえんどう」「苺つなぎ」「高三郎」が草、「椋」「榎」は木です。いずれも道ばたで出会った植物です。

名前を知らない植物に出会ったら、植物図鑑などで調べてみるといいですね。名前がわかると、きゅうに友だちがふえたような気分になりますよ。

ハコベ、オランダミミナグサ、コニシキソウ、キュウリグサ、キツネノマゴ、オオイヌフグリ……。

これらは道ばたで出会ったわたしの友だちともいうべき草たちです。

朝晴れてきつねの孫のいるところ
東風吹いて君もオランダミミナグサ

草も木も花も、その名前を覚えると、たちまち友だちになりますよ。

とうこう班(はん)ぬけだしふむよしもばしら

山梨県・島田 好章（中央市立三村小学校二年）

つばきカフェめじろの間ではやってる

京都府・福井 玲佳（京都教育大学附属京都小中学校二年）

とんぼさんすすきの海にとびこんだ

和歌山県・山名　育実（橋本市立清水小学校二年）

つららくんするどいキバでなにかむの

鹿児島県・高松　洸之介（曽於市立大隅南小学校二年）

寒い夜星がチクチクささってる

兵庫県・藤本 歩未（西宮市立今津小学校三年）

雪達が夜にこっそりこんばんは

兵庫県・石田 奈々（朝来市立中川小学校三年）

さかだちでさかさませかいのゆうやけだ

千葉県・藤川 理紗（我孫子市立我孫子第四小学校四年）

ツララでねおんがく会をひらこうヨ

京都府・佐々木 彩花（城陽市立古川小学校四年）

白山（はくさん）が台風たちを受け止める

石川県・前田 彩映子（白山市立北陽小学校四年）

シリウスと私（わたし）は友達また会おう

京都府・外川 日向（京都市立朱雀第七小学校五年）

115年ぶり奄美（あまみ）の空に白い雪

鹿児島県・泉 沙葉羅（奄美市立小湊小学校五年）

初雪ががい灯（とう）の灯（ひ）に溶（と）けていく

福井県・横町 洲真（福井大学教育地域科学部附属小学校五年）

新雪に倒(たお)れて私(わたし)がもう一人(ひとり)

京都府・大垣　明日香（与謝野町立加悦小学校六年）

自然の俳句の解説

世界にわぁー ―― 山本純子

自分を取りまいているのが世界。外で遊んでいれば、公園の木々もベンチのそばの石ころも、ふと見あげれば白い雲もとんでいくスズメも、いつもと変わらぬ世界です。でも、そんな見なれた世界に「わぁー」とおどろくことがあります。

さかだちでさかさませかいのゆうやけだ　藤川 理紗

そろそろおなかもすいてきたからうちへ帰ろうか、というときに見る夕焼けは、今日もいっぱい遊んだなあという充足感もともなって美しいものです。そこでひょいと逆立ちしてみたら、世界が逆さまに見えた。その「さかさませかい」の夕焼けのはじめて見る美しさに、藤川さんは「わぁー」とおどろいています。わたしは逆立ちができませんが、ぜひ一度見てみたい夕焼けです。この句では、「さかだち」「さかさま」の「さか」の音のくりかえしが、ゆかいなリズムを生んでいます。

新雪に倒れて私がもう一人　大垣 明日香

登校中でしょうか、夜のあいだにふりつもった雪に、両腕を広げてうしろ向きにわざとたおれたのでしょう。笑いながらおきあがってみると、新雪にくっきり自分の人がたがのこっています。「わぁー、雪の中にもうひとりわたしがいる」と、大垣さんは発見しました。大垣さん本人よりも、新雪にのこった大垣さんのほうが、印象にのこる一句です。

115年ぶり奄美の空に白い雪

泉 沙葉羅

この句からは、奄美大島の島中の人の「わぁー」がきこえてきます。雪国の人にとって雪が白いのはあたりまえですが、百十五年ぶりに奄美にふった雪に、みんな「雪ってやっぱり白いねえ」と、その清らかさにあらためて感動しているのです。

つばきカフェめじろの間ではやってる

福井 玲佳

かしがましく鳴く鳥の声にあたりを見まわすと、一本のつばきの木にメジロがいっぱい止まっています。〝めじろおし〟ということばのとおりです。

「わぁー、何羽いるんだろう」と、福井さんは思いました。ほかにも木はあるのに、つばきの木にばかり、メジロが集まっています。そして何羽かとびさっても、また同じつばきの木にもどってくるのです。

あのつばきの木は、きっとなにかおいしいものを出しているカフェなのにちがいない、と福井さんは考えました。

身のまわりの世界に「わぁー」とおどろくと、おどろくたびに元気になります。そしてその「わぁー」を、だれかに伝えたくなります。俳句にして伝えるのもひとつの方法ですね。

星を見あげる ―― 坪内稔典

自然とは地球の上だけでなく、はるかな宇宙をもふくみます。時間の上でもはるかな昔、たとえば恐竜のいた時代などが、自然界の時間です。

わたしたちは、人間中心というか、自分を中心において考え、行動します。それはそれでいいのですが、それだけに終わってしまうと、自分のいる世界がせまくなってしまいます。

われの星燃えておるなり星月夜　　**高浜 虚子**

「星月夜」は、月が出ていなくて星だけがかがやいている夜です。秋の季語ですが、星明かりは、月明かりとはちがう独特の明るさを見せてくれます。ちょっとあやしい明るさです。

虚子の俳句は、大空の無数にある星のひとつを、「あれは自分の星」と決めて見あげているのです。

みなさんも、星空をあおいでみてください。星空だけでなく、昼間の空も、ときどき見あげてほしいもの。

見あげると、なぜか胸が広くなる感じがします。小さな自分が、はるかに遠い、そして広い世界とつながるからではないでしょうか。

では、星を見あげたり雲をながめたりして俳句をつくってみましょう。

自然の俳句のつくりかた

流れ星家族五人がころがって
弟と並んで見たよ天の川
雲は春とんとんくだる坂の道

「流れ星」「天の川」は秋の季語です。

「ころがって」の俳句はちょっとわかりにくいかもしれませんが、家族が屋上に寝ころがって流れ星をながめたのだそうです。

「雲は春」は、雲はもう春めいている、という意味です。この句は春が近いころの風景ですね。

今度は恐竜と星を組み合わせて、俳句をつくってみましょう。

さあ、十分間でどうぞ。

教室にふわりわたげもさんかん日

京都府・水谷　天音（京都市立桂坂小学校二年）

春一番さんすうはかせといわれたよ

青森県・木下　朋花（風間浦村立蛇浦小学校二年）

外は雪教室しいんと空っぽだ

和歌山県・田野岡 美結（田辺市立上秋津小学校二年）

さむい朝教室かけこみ九九を言う

石川県・磯端 拳成（白山市立北陽小学校二年）

カマキリにへんしん草取り全校で

青森県・駒嶺　錬（風間浦村立蛇浦小学校三年）

雪がふるろうかをタタタと走るんだ

大阪府・西　勇人（高槻市立川西小学校三年）

玉入れのかごの向こうに赤とんぼ

京都府・大西 志苑（京都教育大学附属京都小中学校三年）

青空が大きく見えた運動会

神奈川県・須田 匠（葉山町立葉山小学校四年）

運動会光っているよひざこぞう

兵庫県・大塚 大雅（神戸大学附属明石小学校四年）

運動会負けてくやしいバンソウコウ

京都府・木村 優太（京都教育大学附属京都小中学校五年）

友休む後ろの席に冬の風

京都府・水谷 天音（京都市立桂坂小学校五年）

テスト中こっそりふった白い雪

京都府・小林 里瀬（与謝野町立加悦小学校五年）

教室を二度もまちがう新学期

京都府・糸井 奎太（京都市立桂東小学校六年）

先生の散髪姿夏本番

東京都・矢澤 希空（新宿区立戸塚第一小学校六年）

夏休み校舎は巨大な空き箱に

愛知県・山田 光太（岡崎市立藤川小学校六年）

秋の空先生ジーパンパンパンパンだ

兵庫県・島田 征乃花（伊丹市立伊丹小学校六年）

雪だるま校庭にいる転校生

島根県・谷口 良太（出雲市立高松小学校六年）

入学式「はい」の言葉も起立する

新潟県・坂井 泰法（新潟市立万代長嶺小学校六年）

学校の俳句の解説

いつもの場所であれっ —— 山本純子

学校は、いつも行く場所です。毎日それほど変わったことがあるわけではありません。でも、ときどき「あれっ」と思うことがあります。

教室を二度もまちがう新学期　　糸井 奎太

五年生のときは教室が二階だったのに、六年生になったら三階になった、なんていうことがあります。それで六年生になりたてのとき、二階まで上がってきて、うっかりもとの教室へ行っちゃったんですね、糸井さんは。そして「あれっ」と思っています。それも二回も。

教室にふわりわたげもさんかん日　　水谷 天音

参観日には、お母さんやお父さんが大勢やってきて、みんなうしろをふりむいたり、にやっと笑ったりして、なんだか落ちつきません。そんなとき窓から、タンポポのわたげがふわりと入ってきたのを、水谷さんは見つけました。「あれっ、わたげも参観日にやってきたの」と、水谷さんはにこっとしています。

次は、運動会での「あれっ」です。

青空が大きく見えた運動会　　須田 匠

運動会光っているよひざこぞう　　大塚 大雅

玉入れのかごの向こうに赤とんぼ　　大西 志苑

運動会で「今日は一日がんばるぞ」なんて、大きく息をすいこむと、青空がいつもより大きく見えました。先生の「よーい」という声でかまえると、ひざこぞうが光って見えます。「たのんだぞ、ひざこぞう」といえば、「まかせとけ」と返事しそうなひざこぞうです。大西さんは、玉入れのかごの向こうに赤とんぼを見つけました。両手に玉をにぎってまってい るときかもしれません。ひざこぞうの句も、かごの向こうの赤とんぼの句も、情景を小さくうまく切りとっています。

秋の空先生ジーパンパンパンだ

島田 征乃花

野外学習でしょうか。先生は汚れてもいいようにジーパンをはいています。島田さんがそこに目をつけて「先生、ジーパンはち切れそうですよ」と描いたことで、はりきっている先生のすがたがうかんできました。「ジーパン」「パンパン」と「パン」が重なって、ことばのいきおいが生まれています。

雪だるま校庭にいる転校生

谷口 良太

窓から校庭の雪だるまをながめると、「あれっ、知らない子!」「ああ、転校生か」。まだ友だちがいない転校生を思いやった句です。

学校を探検しよう —— 坪内稔典

俳人（俳句をつくる人）になって学校を探検しましょう。

まず季語をさがします。

今が春だとすると、校庭の花壇をのぞいてみてください。チューリップが芽を出していませんか。サクラは咲いていますか。黄色い花、たとえば菜の花とかレンギョウ、タンポポが咲いているのでは？

学校の三角の芽はチューリップ
三角の芽が行列しチューリップ

チューリップの様子を見たままに五七五にしてみました。見たままをそのまま表現すると、五七五のすてきなことばの絵ができます。おとなの俳人はこの見たままに表現することを「写生」とよびます。

教室にも季語がありませんか。たとえば窓には「春の風」がそよそよ。空にはぽっかり「春の雲」、「チョウチョウ」が舞い、「ヒバリ」の声もきこえます。

給食のメニューにも春のものがつぎつぎと出てきますよ。サワラ、アサリ、春キャベツ、シュンギク、草もちなど。

先生のスタイルも春らしくなっています。春物のショールをかっこうよくまいている先生もいるかもしれませんね。

学校の俳句のつくりかた

先生がふらふらと来る春ショール
菜の花を校長先生はいどうぞ

学校は季節ごとにちがっているのです。教室も校庭も体育館も。俳人の目になってながめると、なんだか学校が新鮮です。

体育館窓すべて開け春の風
鉄棒に春の風来る雲も来る

学校には俳句がいっぱい、という感じですね。
図書室にも入ってみましょうか。

菜の花をビンに三本図書室は
本めくる音して窓から春の風

てぶくろをおねえちゃんとはんぶんこ

大阪府・小川 早紀（茨木市立春日小学校一年）

おにのめんこえでばれてるよおとうさん

京都府・坂口 光希（宇治市立宇治小学校一年）

こいのぼりじいちゃんごいはないのかな

京都府・伊藤　碧月（京都市立常磐野小学校一年）

ふゆ休みママの手ににぎりあさねぼう

鹿児島県・田﨑　佑治（鹿児島市立山下小学校一年）

おかあさんのせなかにあせのせかいちず

鹿児島県・前田　太雅（南さつま市立坊津学園小学校一年）

ばあばはねはくさいみたいにわたしにきせる

栃木県・武仲　琴和（小山市立間々田東小学校二年）

冬の月おねえちゃんと見に行くの

兵庫県・山﨑 琴乃（伊丹市立桜台小学校三年）

母さんといっしょにねたい冬の夜

長崎県・野中 すばる（長崎市立桜町小学校三年）

母のむくみかんの皮はたこの足

富山県・山﨑　真鈴
（高岡市立伏木小学校三年）

お父さんやっぱり飲むよね雪見酒

神奈川県・鳴嶋　大起
（鎌倉市立大船小学校四年）

かしわもち五こ買っていく四人家族

兵庫県・森　友輔（伊丹市立鴻池小学校四年）

お母さん私（わたし）カイロじゃありません

兵庫県・佐保　憂希音（伊丹市立瑞穂小学校四年）

ちょっとだけあまえたくなるかぜのとき

兵庫県・柴原　誠（伊丹市立伊丹小学校四年）

お月さま私（わたし）の家族になりたいの

千葉県・後藤　萌絵（我孫子市立我孫子第四小学校五年）

おばあちゃん冬はいつも服六枚（まい）

大阪府・新垣　琴子（守口市立寺方小学校五年）

よせ鍋（なべ）の湯気のむこうにお父さん

京都府・浦田　親良（京都教育大学附属京都小中学校五年）

豆ごはん弟むいた豆うまい

京都府・伊藤 宙輝（京都市立常磐野小学校五年）

鹿接近ぼくをたてにし母にげる

兵庫県・白川 璃久（伊丹市立伊丹小学校五年）

弟の首がすわって夏が来た

広島県・友定 果音（世羅町立せらにし小学校五年）

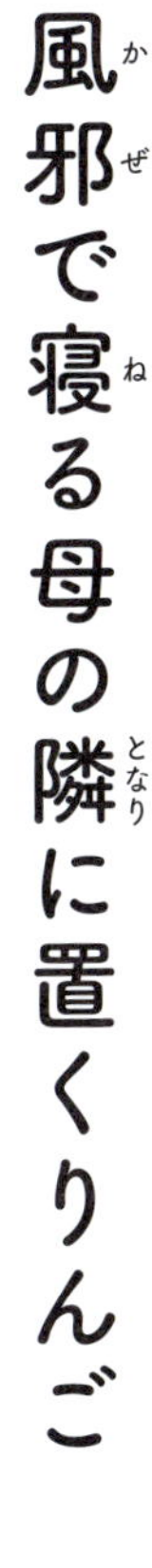

風邪（かぜ）で寝（ね）る母の隣（となり）に置くりんご

京都府・立花 聖（京都女子大学附属小学校六年）

お留守番意味なく開ける冷蔵庫

鳥取県・岸崎 奈々子（米子市立弓ヶ浜小学校六年）

家族の足安心してるほりごたつ

広島県・谷矢 奈美（世羅町立せらにし小学校六年）

弟とドロップなめて冬ぬくし

広島県・高重 月南（三原市立小泉小学校六年）

じいちゃんとビール飲むまであと八年

広島県・高木 裕大（東広島市立八本松小学校六年）

家族の俳句の解説

すかさずカシャッ ―― 山本純子

家族とは一年中いっしょに暮らしているので、かわりばえのしない関係です。でも、季節の中で家族をとらえようとすると、家族がいつもとちがって新鮮に見えるかもしれません。

おばあちゃん冬はいつも服六枚　**新垣 琴子**

「着ぶくれ」というのは冬の季語ですが、四枚ならふつう。六枚となると極端です。極端がおかしみを生んで、おばあちゃん像がくっきりしました。

ばあばはねはくさいみたいにわたしにきせる　**武仲 琴和**

おばあちゃんは自分が着ぶくれるだけでなく、孫にも風邪をひかないようにと、一枚よけいに着せます。武仲さんは重ね着していく自分を「はくさいみたいに」と表現しました。身動きがとりにくくなっていく様子がよく伝わってきます。

冬の月おねえちゃんと見に行くの　**山﨑 琴乃**

窓から外を見て「お月さんがきれい」とお母さんがいったので、おねえちゃんが「見てくる」とジャンパーを着ようとします。山﨑さんはあわてて「まってまって」とついていこうとします。寒い夜の道もおねえちゃんとなら平気です。

豆ごはん弟むいた豆うまい　**伊藤 宙輝**

弟は、お手伝いで豆をむくのが楽しい年ごろです。ときどきあたりへ豆をまきちらしながらせっせとむきました。今日の豆ごはんの豆はいつもよりうまいなあ。それは、弟がにこにこして豆をむいているすがたを見ていたからです。
季節の中で家族をとらえて、カメラのシャッターをカシャッと切るように俳句の形にすると、ことばでできた家族のアルバムができます。

おかあさんのせなかにあせのせかいちず　前田 太雅

母のむくみかんの皮はたこの足　山﨑 真鈴

夏まっさかりのお母さんの背中にカシャッ、みかんをむいているお母さんの手もとをカシャッ、の句です。

よせ鍋の湯気のむこうにお父さん　浦田 親良

この句には、おはしを片手に鍋をのぞきこむお父さんの笑顔がうつっています。そこから、お父さんとむかいあっている浦田さんの幸せな気分を感じます。家族といっしょにいれば安心。だからひとりでお留守番するのは心細くて、どうにも退屈なのです。

お留守番意味なく開ける冷蔵庫　岸﨑 奈々子

家族の五七五 ―― 坪内稔典

家族を五七五で表現(ひょうげん)してみます。
まず、お父さんから。

お父さんいつもあぐらだタンポポだ

お父さんに似(に)あう花を連想して五七五にしました。いつもあぐらをくむお父さんのそばにはタンポポが似あいます。

ママの髪(かみ)ゆらゆらきらりシャボン玉

「しゃぼん玉」は春の季語です。なぜかしゃぼん玉がママの髪にかかり、きらりと光って消えました。

お兄ちゃん草もちをもう五個(こ)食べた

あまいものが大好きで、一度に五個も草もちを食べたおにいちゃん。いくらなんでも食べすぎだよ、と五七五で伝えました。

文鳥の水浴びる音風光る

文鳥も家族の一員です。
「風光る」は風がきらきらふく様子を表します。
テレビの天気予報を見ていたら、気象予報士の人が、「風光る」は春の季語です、と
いったのでさっそく使ってみました。

出窓にはいちごの花と黒猫と

家の窓辺の風景です。鉢植えのイチゴが咲いています。そのそばで真っ黒い猫が寝て
います。
猫の名前ですか？
大吉です。大吉も家族の一員、近いうちに大吉の句もつくります。

春

はるのあさスカートはきたい気ぶんだよ

京都府・上田 麻央（京都市立藤ノ森小学校一年）

しゃぼん玉木のそばに行き木としゃべる

大阪府・山中 大樹（豊中市立桜塚小学校二年）

はじめての放送いいん春の風

青森県・根戸内　夢斗（風間浦村立蛇浦小学校三年）

自転車にのれたよのれた春の風

大阪府・秦　友香（大阪市立大桐小学校三年）

さくらがねヒラヒラヒラッとわたしんち

大阪府・吉村 優香（高槻市立川西小学校三年）

つくしくん仲間をよんでポポポポポ

大阪府・佐野 壮汰（高槻市立川西小学校三年）

何回もシャキッというよ春キャベツ

京都府・伊藤 宙輝（京都市立常磐野小学校三年）

銅ぞうの鼻のてっぺんぼたん雪

広島県・樋口 琴音（世羅町立せらにし小学校三年）

おにごっこ走って走って春をよぶ

広島県・片山 夏音（三原市立小泉小学校三年）

バレンタインげんかん前でドッキドキ

京都府・廣部 有紀（宇治市立北小倉小学校四年）

赤ちゃんを初めてだっこ春の風

兵庫県・河村 由衣（伊丹市立瑞穂小学校六年）

春の俳句の解説

はじめてにどきどき —— 山本純子

春には入学式があったり、進級してクラス替えがあったりしますので、みんな、はじめて会う人、はじめての体験、と、たくさんのはじめてに出会っていきます。

はじめての放送いいん春の風　根戸内 夢斗

根戸内さんは、進級して「よし、今年は放送委員になろう」と決めたのでしょう。マイクの使いかたもわかり、原稿を読む練習もちゃんとしました。でも、いざマイクの前で全校生徒に話しかけようとすると、やっぱりどきどきしています。そんな根戸内さんを、春の風がやさしく応援しているようです。

赤ちゃんを初めてだっこ春の風　河村 由衣

赤ちゃんをはじめてだっこするのは、どきどきの体験です。やわらかい赤ちゃんをうまく支えられるか、落っことしてしまわないか、責任重大でぎこちなくなってしまいます。赤ちゃんは、そんな河村さんをきょとんと見つめています。

人によって、赤ちゃんをはじめてだっこしたのは、春でないかもしれません。秋生まれの赤ちゃんなら、秋にだっこするでしょう。でも、

赤ちゃんを初めてだっこ夏の風
赤ちゃんを初めてだっこ秋の風

赤ちゃんを初めてだっこ冬の風

と、こんなふうに赤ちゃんをいろんな季節の風の中においてみると、やっぱり春の風の中が、赤ちゃんが一番気持ちよさそうです。

自転車にのれたよのれた春の風　　**秦 友香**

この句も、補助輪（ほじょりん）なしではじめて自転車に乗れたうれしさが、春の風の中で描（えが）かれています。春の風ですから、これから自転車といっしょの、いろいろな楽しい体験がはじまりそうです。

しゃぼん玉木のそばに行き木としゃべる　　**山中 大樹**

しゃぼん玉は一年中ふくものです。でも、「しゃぼん玉」は春の季語ということになっています。しゃぼん玉のふわふわしたやわらかい感じが、春のおだやかな気候に似（に）あうからでしょう。ですから、この句のしゃぼん玉は、春の風に乗って木のそばに行きます。

このしゃぼん玉はひとつ？　それともたくさん？　わたしには、たくさんの小さなしゃぼん玉が木にまとわりつくようにして、ペチャクチャおしゃべりしている様子が目にうかびます。この句には、「しゃぼん玉」が「しゃべる」、と「しゃ」がふたつかくれていますね。

季語を使って ―― 坪内稔典

俳句では季語が活躍します。季語は季節のことばですが、季語の春はいつからはじまるのでしょうか。
立春からです。立春は二月四日ごろです。

立春
立夏（五月六日ごろ）
立秋（八月八日ごろ）
立冬（十一月八日ごろ）

これらが季語の季節のはじまる日です。実際の季節感とは一か月くらいのずれがありますね。季節を早取りしているのが季語です。
では、俳句の季語を集めた本（歳時記）を見てみてください。家にありますか？　なかったら学校の図書室などで見てください。春の季語をさがしてみましょう。

春の風
しゃぼん玉
ひなまつり

春の俳句のつくりかた

などの季語が出ていますね。これらの季語を使って、まず五七五にしてみましょう。

春の風学校のまどみな開く
しゃぼんだま弟の吹くほうが大
ひなまつり妹ちょっといばってる

ことばで絵を描くように表現してください。絵になっていたら成功です。右の句は、まあ成功といえるのではないでしょうか。

春の風ルンルンけんけんあんぽんたん
さくら散るあなたも河馬になりなさい
三月の甘納豆のうふふふふ

これらはわたしの春の句です。

えっ、これが俳句？　と思われるかもしれませんが、五七五でちゃんと季語もあります。そして、ことばの絵になっていると思います。できたら、これらの句、声に出して何回か読んでみてください。

ばあちゃんをせかしてえほんめくるなつ

愛媛県・竹上 夢唯（伊方町立九町小学校一年）

なつ休みしょんぼりしてるランドセル

鹿児島県・金倉 慈（南さつま市立坊津学園小学校一年）

南風（みなみかぜ）うまくできたよさかあがり

青森県・宮下　葵（風間浦村立蛇浦小学校二年）

たおれてる自てん車さえもねっちゅうしょう

京都府・金田　怜子（立命館小学校二年）

夏

あみどがね虫の図かんになっている

石川県・大畠 梨紗子（珠洲市立宝立小中学校二年）

ほにゅうびんあらってあげた夏休み

青森県・駒嶺 かりん（風間浦村立蛇浦小学校三年）

何回もかがみ見ながら水着きる

京都府・上田 咲季（京都市立西陣中央小学校三年）

ミミズさんうんこをしたよいいつちだ

兵庫県・内田 海登（伊丹市立桜台小学校三年）

ポケットでせみのぬけがらぺったんこ

島根県・谷口 優太（出雲市立高松小学校三年）

ひまわりに五センチメートルまけました

愛媛県・伊勢 小葉（愛南町立家串小学校三年）

山のぼりじいちゃん体力ありすぎる

京都府・西田 圭佑（京都市立市原野小学校四年）

指揮（しき）する手夏の大三角形だ

宮城県・横溝 麻志穂（仙台市立吉成小学校四年）

子どもだけ電車に乗って夏休み

東京都・神尾 日陽（板橋区立赤塚小学校五年）

朝市のばあちゃんと話す夏休み

千葉県・菊地 遼人（日出学園小学校五年）

夕焼けの少しさみしい「また明日」

京都府・岸上　わか那（南丹市立富本小学校五年）

消しゴムはあと一センチ夏休み

愛媛県・伊勢　雅姫（愛南町立家串小学校五年）

すきとおるくずまんじゅうに入りたい

福井県・佐々木 里萌（鯖江市立惜陰小学校五年）

なすきらいゴーヤもきらい夏はすき

大阪府・吉田 侃樹（高槻市立冠小学校六年）

雨ばかりついに私がナメクジだ

大阪府・小木曽りか（堺市立上野芝小学校六年）

肝だめしつないだ友の手冷たいよ

兵庫県・森 佳苗（宝塚市立長尾南小学校六年）

夏

金閣寺暑さまでもがゴージャスだ

広島県・新見 雅志（北広島町立壬生小学校六年）

夏の俳句の解説

遊びにわくわく ―― 山本純子

小学生のみなさんにとって夏といえば、なんといっても夏休み。みんな、夏休みが来るのをまちかねています。それというのも、夏休みにはいつもとちがう時間が流れているからです。

子どもだけ電車に乗って夏休み　　神尾 日陽

弟や妹をつれて、田舎の親せきの家へ行くのでしょうか。心細いようなゆかいなような、ちょっと冒険に出かける気分です。

夏休みには時間がたっぷりあるので、ふだんしないことも、「やってみようかな」と思いついたりします。

ほにゅうびんあらってあげた夏休み　　駒嶺 かりん

駒嶺さんは小さな弟か妹のほにゅうびんを、長い柄のついたブラシでていねいに洗ってあげました。洗ったほにゅうびんを日に透かしてみると、きれいに透きとおっていて、おねえちゃんとしては大満足です。次も女の子の句です。

何回もかがみ見ながら水着きる　　上田 咲季

小学生は年々大きくなるので、新しい水着を買ってもらったのでしょう。水着すがたで、鏡の前でいろいろポーズをとっています。心の中では、すっかり浜辺に立っているつもりです。

みなさんはからだ全体で次から次へと遊びますが、イメージの中でもたっぷり遊びます。

すきとおるくずまんじゅうに入りたい　**佐々木 里萌**

こんなことを考えた人は、きっと佐々木さんがはじめてです。なるほど、くずまんじゅうの中はひんやりして気持ちいいかもしれません。そう思うくらい、真夏日の暑さはたえがたいですね。

たおれてる自てん車さえもねっちゅうしょう　**金田 怜子**

夏になると、熱中症でたおれたというニュースをよくききます。道路にたおれている自転車を見て、金田さんは「ひょっとして熱中症?」と思いました。たしかに自転車をおこそうとすると、ハンドルもサドルもアツツツにちがいありません。金田さんがイメージで遊んだ句といえます。

あみどがね虫の図かんになっている　**大畠 梨紗子**

網戸にカマキリやカナブンが止まっています。大畠さんは網戸を、虫の図鑑だとイメージしました。虫がへったりふえたりするふしぎな図鑑です。

俳人になろう ―― 坪内稔典

みなさんも俳人になってみませんか。俳人とは俳句をつくる人です。

俳人は旅をしたり、散歩をして俳句をつくります。

外に出て俳句をつくることを吟行といいますが、たとえば松尾芭蕉は、東北から北陸をめぐる約百五十日の旅行（「奥の細道」の旅）をして俳句をつくりました。現代の俳人は海外へ旅行して俳句をつくっています。

今や俳句は、ＨＡＩＫＵとよばれて世界の詩になっているのです。

夏の一日、みなさんも俳人になってみませんか。

筆記具とメモ用紙をもって外へ出ましょう。家のベランダや庭、近所の公園、あるいは川の土手など、どこでもいいです。

空を見あげると、たとえば積乱雲がありますね。むくむくとした雲でゲリラ豪雨、夕立ち、雷などを発生させる雲です。

この雲、季語では「入道雲」「雲の峰」といいます。峰とは山のいただき（山頂）ですが、雲がまるで高い山のように見えるので、「雲の峰」といういいかたができました。

しずかさや湖水の底の雲の峰　小林一茶

雲の峰雷を封じて聳えけり　夏目漱石

夏の俳句のつくりかた

一茶は湖にうつった雲の峰を句にしています。漱石の句の「雷を封じて」は雷をとじこめて、という意味です。

みなさんも「雲の峰」でつくってみてください。

つくった俳句はメモ用紙（手帳やノートでもいいです）に書きましょう。スマートフォンにメモしてもいいです。

そしてそれを、友だちや家族に見せてください。見た人はいろんなことをいうでしょう。その意見を参考にして推敲してください。

推敲とは、よくなるようになおすことです。

いろんな生き物を見つけるのも、吟行の楽しみです。カ、ハエ、ヘビ、トカゲ、ヤモリ、コウモリ、カブトムシ、セミ、アリ、ミミズ、カタツムリ、ナメクジ、ケムシなどは夏の季語です。

夏の季語には虫が多いです。その理由は家のまわりを歩いてみるとわかります。実際にこれらの虫がぞくぞくと見つかるでしょう。

まんげつもなかまにいれてろてんぶろ

京都府・林 大貴（立命館小学校一年）

しんまいはいっぱいにはいもういっぱい

兵庫県・上田 一輝（南あわじ市立神代小学校二年）

一りんしゃずっとのれます秋の空

鹿児島県・鬼塚　雄大（薩摩川内市立湯田小学校二年）

おみこしの神様だんだん重くなる

東京都・高松　将吾（板橋区立中根橋小学校三年）

ばあちゃんちせんたくものとつるし柿(がき)

兵庫県・浅野　つかさ（西宮市立今津小学校三年）

バッタさんぼくでよければともだちに

兵庫県・池田　拓篤（伊丹市立南小学校三年）

じいちゃんの電話で見たよ秋の月

大阪府・三宅 優花（大阪市立友渕小学校五年）

スーパームーン月がこの手に届(とど)きそう

京都府・林 英成（京都市立藤ノ森小学校五年）

秋

月を見て思えば音読忘れてた

京都府・モリナ 萌生（八幡市立橋本小学校五年）

恐竜もきっと見た月あの月だ

新潟県・坂井 敏法（新潟市立万代長嶺小学校五年）

弟をつれていきそうな秋の風

千葉県・宇賀　智哉（我孫子市立我孫子第四小学校六年）

つゆがつくおうちのまどは自由帳

和歌山県・関本　恭悟（紀の川市立池田小学校六年）

秋の俳句の解説

遠くへおーい —— 山本純子

秋は空気が透きとおるので、遠くまでよく見える気がします。そして、見えるところまで行ってみたい気持ちになります。

一りんしゃずっとのれます秋の空　**鬼塚 雄大**

鬼塚さんは一輪車がとくい。それで一輪車に乗って、運動場をすいすい進んでいきます。運動場がこのままずっとつづいていたら、どこまでも乗っていけるぞ、と思っています。秋の空のさわやかさと、鬼塚さんの気分のさわやかさが通いあっています。

遠くがよく見える季節には、遠い昔のことに思いを馳せたりもします。

恐竜もきっと見た月あの月だ　**坂井 敏法**

月は今も昔も、同じ月。あの月を、恐竜が見ていたのはまちがいありません。坂井さんにはきっとお気にいりの恐竜があるのでしょう。その恐竜と自分がならんで月を見ているところを想像すると楽しいですね。

じいちゃんの電話で見たよ秋の月　**三宅 優花**

遠くに住んでいるおじいちゃんから、「今夜はいい月だよ」と電話がかかってきました。急いで外を見ると、本当に満月です。おじいちゃんとははなれて暮らしていますが、受話器を通していっしょに月見ができたのです。

ばあちゃんちせんたくものとつるし柿　**浅野 つかさ**

はなれて暮らしているおばあちゃんのところへ、ひさしぶりにやってきました。おばあちゃんの家の軒下の物干しざおには、洗濯物とつるし柿がならべてかけてあって、どちらにも日光がよくあたっています。着る物と食べ物がならぶおばあちゃんの暮らしの風景を、浅野さんはおもしろく感じて、俳句にしたんですね。

柿が実るころには、お米も実ります。

しんまいはいっぱいにはいもういっぱい　**上田 一輝**

新米ときくと、どんどんご飯が進みます。中国の李白という詩人はお酒が大好きで「一杯一杯複た一杯」とお酒を飲みました。そして「李白一斗詩百篇」（李白はお酒を一斗飲んで詩を百篇つくる）といわれました。上田さんは新米をいっぱい食べて俳句をつくったんですね。

おみこしの神様だんだん重くなる　**高松 将吾**

秋のお祭りは、神様に収穫を感謝するお祭りです。でも神様をかついで町内を練り歩くうちに、「神様ちょっと重いですよ」と思った高松さんです。

取り合わせよう　——坪内稔典

秋といえば、なにを連想しますか。

くだもの？　虫の声？　お月様？

人によって連想するものはさまざまでしょう。このさまざまにちがう、ということが大事です。

たとえば、月からあなたはなにを連想しますか？　家族とか友だちからは、なにを連想するでしょう。

一度、試してみてください。

その上で、月を連想しながら俳句をつくってみましょう。

月が出たおじいちゃんからＬＩＮＥきた

三日月はこの窓だけにいるんだよ

月と、月とはべつのなにかを組み合わせると、たちまち五七五のことばの絵ができあがります。月とおじいちゃんからのＬＩＮＥ、三日月と窓が右の句の組み合わせです。

満月のベランダにいる黒い猫

十五夜の道いっぱいに歩いたよ

秋の俳句のつくりかた

この場合は、満月と黒猫、十五夜の月と道を歩くこと、が組み合わせになっています。ふたつの物のこのような組み合わせを「取り合わせ」とよびます。取り合わせは俳句をつくるときの基本の方法です。

取り合わせは、わたしたちの連想を広げてくれます。連想をうながすしかけ、それを取り合わせとみてもいいですね。

右の俳句の「道いっぱいに」は、道いっぱいに広がって歩いたということ。家族で歩いたのでしょうか。それとも、自分ひとりが道を占領した気分で歩いたのでしょうか。ベランダにいる黒猫は、家の猫でしょうか。どこかからやってきた猫でしょうか。

取り合わせでつくった五七五のことばの絵は、それを読む人にいろんな連想をさせます。いろんな読みかたができること、それもまた俳句の特色です。

では、くだものを連想してつくってみてください。ブドウ、カキ、ナシ……。なにかのくだものが頭にうかんだら、それとはべつのなにかを取り合わせます。

さあ、どうぞ。

ぬけかけのまえばぬけないふゆ休み

京都府・白井 稟乃（京都女子大学附属小学校一年）

水たまりこおりがわれてパズルする

京都府・青山 大規（京都市立藤ノ森小学校一年）

ゆきだるまいしのぼたんがおきにいり

長野県・牧田 七海
（飯田市立上郷小学校二年）

大そうじふいたところはふまないで

京都府・中島 桜太朗
（南丹市立宮島小学校二年）

冬

おてつだいこんにゃくねじるおおみそか

京都府・堂田 百々花（京都教育大学附属京都小中学校二年）

まだだっこなおってるけどかぜのふり

京都府・小菅 由楽（京都女子大学附属小学校二年）

ふとんからすぐにでられるゆきのあさ

兵庫県・中野 隼人（伊丹市立笹原小学校二年）

長ぐつを買ってもらった雪よふれ

鳥取県・杉原 飛龍（八頭町立大江小学校二年）

冬の朝げんかんあけたらせすじがピン

京都府・今村 充毅（京都市立上鳥羽小学校三年）

いいこです！空にさけんでねむるイブ

京都府・池田 ふみ（立命館小学校三年）

雲やぶり光がささる冬の海

京都府・高村 晃生（京都教育大学附属京都小中学校三年）

雪だるまぼくん家（ち）前でけいび中

京都府・萬代 竜之進（京都女子大学附属小学校三年）

冬

夜中のトイレサンタに会ったらどうしよう

京都府・臼井 貴一（京都女子大学附属小学校三年）

朝のふとん冷めた湯たんぽとび出てる

奈良県・熊谷 陸（王寺町立王寺小学校三年）

こがらしでいばってみえるぼくのいえ

愛知県・山田 秋月（尾張旭市立渋川小学校四年）

雪の日は外の木みんなすましてる

京都府・三浦 咲季（京都市立東山小学校四年）

新雪に飛びこむぼくがスタンプだ

京都府・岩松　佑晟（与謝野町立三河内小学校四年）

つわさいてゆらゆれゆらりん一輪車

愛媛県・古田　真乃（伊方町立九町小学校四年）

せんたくき昨日(きのう)のユズの香(かお)りする

大阪府・中谷 麗夢（豊中市立野畑小学校五年）

冬の日はざじずぜぞーと風がふく

兵庫県・鬼塚 来央（伊丹市立伊丹小学校五年）

こたつにね体をぜんぶ食べられた

兵庫県・中村　恵子（伊丹市立瑞穂小学校六年）

私（わたし）より大きくなった雪だるま

広島県・上本　吉乃（世羅町立せらにし小学校六年）

マフラーをきつくまいたら出発だ

広島県・福原　優芽（三原市立小泉小学校六年）

ストーブはおばあちゃんちの匂(にお)いする

香川県・山田　ちなつ（高松市立弦打小学校六年）

冬

コンパスでちょっとつぶしたしもやけを

愛媛県・梶原 銀二（宇和島市立御槙小学校六年）

冬の俳句の解説

自分だけのピカッ ―― 山本純子

俳句は五七五という短い詩型ですから、いいのができたと思ったのにじつはほかの人の句とそっくりだった、ということがよくあります。でも、俳句をたくさんつくっていく中で、いつか自分だけのひらめきに出会います。

雪だるまぼくん家前でけいび中

萬代 竜之進

小学生のみなさんがつくった雪だるまの句には「冬のあいだのお友だち」や「春になったらさようなら」など、雪だるまの溶けてしまうという性質を述べた、似通った内容の句がたくさんあります。萬代さんの雪だるまの句はちょっとちがいます。この雪だるまはただ立っているのではありません。仕事をしているのです。あやしいやつが来てもテコでも動かないぞ、と夜通し目を光らせているのです。

せんたくき昨日のユズの香りする

中谷 麗夢

冬至の日に香りのいいユズをうかべたおふろに入ると病気にならない、といういい伝えがあることから、今日はユズぶろだ、という家庭もまだまだあるようです。ユズぶろに入ると、みなさんはユズをつかんで遊びますよね。それでユズぶろを詠んだみなさんの俳句には、どうしてもおふろにうかんでいるユズを描いたものが多くなります。その点、中谷さんの句はユニークです。おふろの残り湯を翌日の洗濯に使って、水の再利用を心がける家庭がふえています。それで中谷さんの家の洗濯機から、昨日のユズの香りがしているのです。

ユズの香りのするシャツを着たら、風邪なんかひきそうにありませんね。

朝のふとん冷めた湯たんぽとび出てる　熊谷 陸

温かい湯たんぽでなく、冷めた湯たんぽを主役にしているところがおもしろい句です。「とび出てる」とありますが、きっと熊谷さんがけりだしたのでしょう。

コンパスでちょっとつぶしたしもやけを　梶原 銀二

コンパスの脚の先の針は、紙にさしてコンパスを固定するためにあります。その針を、かゆいしもやけをつぶすのに使ったという行為がユニークです。それ以上に、その行為が俳句になると思った発想がユニークです。

大そうじふいたところはふまないで　中島 桜太朗

廊下をぞうきんがけしたばかりなのでしょう。中島さんは「ふいたところはふまないで」とほかの人に注意しています。注意のことばが俳句になるなんて、だれも思いつきません。ふむためにあるところを「ふまないで」といっているのがおもしろいのです。「ふいたところ」「ふまないで」と、「ふ」が重なってリズムが出ています。

鍋をかこんで ── 坪内稔典

おでん、寄せ鍋、ぞうすい、焼きいも、カキフライ。

これらは冬の季語です。

ハンバーグ、オムライス、カレーなどは季語ではありません。一年中、いつ食べてもだいたいうまいからです。それに比べると、おでん、カキフライなどは冬が一番うまいですよね。

おでんではアツアゲが好きあっつあつ
寄せ鍋のしまいはうどん父出番
日曜の母とのランチカキフライ

「あっつあつ」がいいなあ。わたしは大根、ジャガイモ、ゴボウテンが好き。アツアゲもです。

寄せ鍋のときは、しまいにうどんを入れたり、ぞうすいをつくります。その際、父親が大活躍するのは、よく目にする風景です。

提案ですが、寄せ鍋などの鍋料理のときには、途中でみなで俳句をつくったらどうでしょうか。鍋の材料、たとえばネギとか白菜、アンコウとかカキを使って。これらも冬の季語です。

その際、つくる時間を十分間と決めます。十分のあいだに一句をつくるのです。

冬の俳句のつくりかた

しめきりを十分間とすると、たいていみながつくります。

ネギの根の太いところが甘かった
白菜はさくさくネギはとんとんと

父と母のつくった句です。

父はネギが好きではなかったのですが、鍋の中のネギをいやいや食べたら、なんと根の太いところが思いがけなくあまかったのです。以来、この父はネギ好きになったそうです。

母の俳句はまないたの上で切っているところ。「さくさく」と「とんとん」が楽しいですね。きっとうまい鍋料理になったでしょう。

さて、あなたはどのような俳句ができましたか。

家族でわいわいと俳句をつくる、それは冬の夜の楽しいひとときになりそう。

あなたが中心になって家族みんなでつくってください。

正月

すずめたちみてたみてたよおもちつき

京都府・米田 隼也（京都市立西陣中央小学校一年）

はつもうでおねがいながいおとうさん

京都府・森 杏樹（京都女子大学附属小学校一年）

ことしからひらがなよめてかるたとり

徳島県・北村 直路（阿南市立今津小学校一年）

かがみもちじっとしているしびれたかな

愛知県・都築 和琴（碧南市立日進小学校二年）

正月

お年玉ママのじゃないよぼくのだよ

兵庫県・馬瀬 樹（伊丹市立鈴原小学校二年）

はつもうでねがいきまらずすず鳴らす

広島県・山下 巧馬（世羅町立せらにし小学校二年）

まどふきの向こうにピカピカお正月

栃木県・武仲 琴和（小山市立間々田東小学校三年）

庭のゆずおふろやぞうにに仲間入り

群馬県・馬場 健太（前橋市立駒形小学校四年）

ね正月ふと横見れば母もいる

和歌山県・永井 健一（御坊市立湯川小学校四年）

おもちつきおもちがきねにかみついた

兵庫県・松下 楓（伊丹市立桜台小学校四年）

親せきのなまりとびかうお正月

東京都・青山 麻里（日野市立日野第六小学校五年）

友達が増（ふ）えた数だけ年賀状（ねんがじょう）

京都府・小川 麻美（京都女子大学附属小学校五年）

お正月今年もいとこと背くらべ

京都府・久米 杏奈（京都女子大学附属小学校五年）

注連縄の向きでもめてる祖父と祖母

兵庫県・五十嵐 亮太（伊丹市立瑞穂小学校五年）

元旦（がんたん）は朝からみんなわらってる

兵庫県・髙木 雅樹（伊丹市立稲野小学校五年）

かじかんだ手と手と手と手と手初もうで

兵庫県・岸 音葉（伊丹市立桜台小学校六年）

正月の俳句の解説

特別な日のうふふ —— 山本純子

時計の秒針がちょっと動いただけで、新しい年のはじまりです。その特別な瞬間を世界中の人が見まもります。どの国にもそれぞれのお正月の慣習があります。

まどふきの向こうにピカピカお正月　**武仲 琴和**

年末に、武仲さんは窓ふきのお手伝いをしています。窓ガラスがピカピカになると、もう向こうから新しい年がピカピカの顔でやってくるのが見えるような気がしました。すてきな感性です。

注連縄の向きでもめてる祖父と祖母　**五十嵐 亮太**

おじいちゃんとおばあちゃんはお正月の飾りつけの担当です。でも玄関先で、注連縄の太いほうが右だ、いや細いほうが右よ、とさっきからもめています。五十嵐さんはふたりのその真剣さを、ちょっとおもしろく思って見つめています。

元旦は朝からみんなわらってる　**髙木 雅樹**

年が明けて、みんな「おはよう」というかわりに「明けましておめでとう」といっています。みんな笑顔です。新しい年にはいいことがいっぱいありそうで、自然に笑顔になるのです。

はつもうでねがいきまらずすず鳴らす　山下 巧馬

新しい年には神様へのお願いがいっぱいあるのに、ありすぎてなかなかひとつに決められません。どれにしようと迷っているうち、うしろに参拝客がたくさんならびだしたので、山下さんはとりあえず鈴を鳴らしてしまいました。しまった、という山下さんの顔が見えるようです。

はつもうでおねがいながいおとうさん　森 杏樹

森さんは頭をちょっとさげると、お願いをすぐいい終えました。でもとなりにならんでいるお父さんは、いつまでも手を合わせたままお願いしています。お父さんは家族全員の分をお願いするので時間がかかるのです。

かじかんだ手と手と手と手初もうで　岸 音葉

「手と手と手と手」が思いきった表現です。そのことで神社やお寺に参拝した人たちの、たくさんの合わせた手が見えてきます。手だけをクローズアップしたことで、たくさんの人のたくさんの願いが伝わってきます。

お正月の行事をはじめとして、日本には多くの季節の行事があります。ふだんの生活の中から俳句を詠むのもいいですが、行事という特別な時間の中から詠むのもいいものですね。

ことばのおとし玉 ── 坪内稔典

昔から、一年の計は元旦にあり、といいます。「計」は計画です。元旦によい計画を立てておくと、その年はうまくいく、という意味です。

正月には初詣をします。健康や幸福、交通安全、合格などを神様に祈りますね。

また、初夢という夢があり、書き初めがあります。

初夢でよい夢をみると、一年中、いいことがつづきます。書き初めをちゃんとすると、一年間の勉強が進みます。

あっ、おとし玉もありますね。

みなさんは、たくさんのおとし玉をもらいましたか。

おとし玉、今はお金をもらうのがふつうですが、そもそもおとし玉とはなんでしょうか。

漢字で書くと、

御年玉

ですが、神様からもらうその年の幸（豊作や健康、幸せ）がおとし玉です。「玉」は幸の結晶、宝石みたいなものです。

昔は正月に、正月の神様（歳徳神、正月様などとよびます）がやってきました。それはわたしたちの先祖のイメージで、白いひげをはやしていました。日本版サンタクロー

正月の俳句のつくりかた

スですね。その正月の神がくれるもの、それがおとし玉でした。

正月には門松を立て、しめ飾りを玄関などにかけます。あれは、この家に正月の神様をむかえています、というしるしです。

以上、正月についての勉強でしたが、ここで、正月の季語を思いうかべてみましょう。すでにたくさん出てきましたね。

「元旦」「初詣」「初夢」「書き初め」「おとし玉」「門松」「しめ飾り」などがそうです。

では、おとし玉で俳句をつくってみましょうか。

おとし玉という季語と、季語ではないなにかを連想して取り合わせる、それがつくりかたの基本でしたね。

おとし玉金魚がちっとも動かない
おとし玉母にあずけた母にこり
祖父はまず頭をなぜておとし玉

第二章

俳句（はいく）づくりって楽しいよ ねんてん先生の俳句教室

一時間目　感動の発見

先日、あるところで小学生の俳句の選をしました。何人かの俳人といっしょだったのですが、すでに長く俳句をつくってきた俳人たちは、口をそろえていいました。

「自分の感動を句にしてほしい。ことば遊びもいいけど、感動の表現が基本である」と。

この意見、じつはよく耳にします。俳人だけでなく、学校の先生や子どもの親なども同じようなことをいいます。感動がまずあり、そしてその感動を表現する。それが俳句や短歌や詩である、と多くの人が思っているのです。

感動とは心のゆれでしょうか。心がゆれるとなんだか生き生きしますね。だからわたしたちは、感動を求めてなにかを見たり、新しい体験をしたりするのです。しかし、人はかならずしも感動ばかりはしていません。第一、いつも心がゆれていては不安定この上ないでしょう。

正直にいいますが、わたしなどはほとんど感動しません。それは年をとって感性がにぶったからだ、といわれるとぐうの音も出ませんが、しかし、そうなのでしょうか。感動しやすい人（たとえば、「感動したわ！」と口ぐせのようにいう人など）がいますが、それは例外で、たいていの人はあまり感動することなく日をすごしているのではないでしょうか。それだけに、ときどき心をゆさぶることが大事です。心がゆれると感性や思考もゆれ、心身がしなやかになるからです。感動は心身のこわばりをほぐす体操のようなものなのです。五七五の表現は、心をゆさぶるとてもかんたんなことばの装置、あるいはしかけです。つまり、感動を表現するのではなく、表現することで感動を体験する、それが俳句の大事な一面なのです。

きゅうに話が変わりますが、たとえば静物画や写生画を描くとき、感動を表現することを考えるでしょうか。むしろ、対象を見つめながら、ひたすら色を重ねることで、重ねた色が画用紙の上に静物なり風景なりを表現します。もし感動ということをいうならば、その表現された静物や風景が作者の感動のかたちなのです。

しゃぼん玉木のそばに行き木としゃべる　山中 大樹

これは小学校二年生のつくった俳句ですが、この句では感動が直接的には表現されていません。感動の直接的な表現とは次のようなもので、これは小学生の俳句にしばしば見かけるものです。

ひまわりはみんなそろって高いなあ

あさがおの青が一輪きれいだよ
うまそうなぶどうが窓にたれている
青空はみつめただけでいい気分
わたがしの大きな雲を食べたいな

高いなあ、きれいだよ、うまそうな、いい気分、食べたいな、などが感動の直接的な表現ですが、このような表現は、じつは感動の中身を具体的に伝えません。「高いなあ」といわれても、どのように高いのかはわからないのです。わかっているのは作者だけです。

このような段階の表現は独善、すなわち独りよがりの段階にある、といってもよいでしょう。表現としてはとても未熟なのです。ですから、こういう表現をやめ、むしろひまわりそのものの存在感を表現するほうがよいでしょう。「ひまわりはみんなそろって高いなあ」ではなく、

ひまわりはみなで百人サムライだ

とすると、たくさんのひまわりが生き生きと立っている様子が目に見えます。

「あさがおの青が一輪きれいだよ」もいろいろになおせます。次は小学校五年生がきそってなおした例です。

あさがおの青が一輪大輪だ
あさがおの青が一輪祖母の家
あさがおの青が一輪ベランダに
あさがおの青が一輪赤二輪
あさがおの青が一輪弟の
あさがおの青が一輪蝉が鳴く
あさがおの青が一輪牛の顔
あさがおの青が一輪屋上に

このなおしかたは、ことばを絵の具のように使って風景を描いたものです。そしてそのできあがったかたち（風景）が作者の感動です。感動はつくった結果として現れるのです。というわけで、先にある感動を表現するのではなく、表現することで感動を体験する、あるいは表現を通して感動を発見する、それが俳句の特色なのだとわたしは考えています。

この考えを受けいれると、ことばが絵の具や音符のようになります。それらは組み合わせてゆくと世界をつくります。絵の世界、音の世界、ことばの世界を。

もちろん、感動を表現することはとてもむずかしいことです。表現しようとすると先にふれた感動の直接的な表現になってしまいがちだからです。

古池や蛙飛びこむ水の音　**松尾芭蕉**

菜の花や月は東に日は西に　**与謝蕪村**

柿くえば鐘が鳴るなり法隆寺　**正岡子規**

右は俳句の代表のような三句です。芭蕉たちは五七五音のことばの風景をつくりました。その風景が彼らの発見した感動だったのです。

二時間目　季語は発想の手がかり

俳句には季語があります。季語はことばを四季にわけた俳句特有の約束です。たとえばトマト。スーパーマーケットに行くと一年中売っていますが、トマトは季語としては夏の野菜です。イチゴだって同じです。イチゴは冬にもっとも消費量が多いらしいのですが、季語としては夏になります。野菜やくだもの、魚などはいわゆる旬をそれらの季節と決めているのです。トマト、キュウリ、イチゴ、カツオなどは今では一年中ありますが、それらの旬は夏です。ですから、季語としてもそれらは夏になるのです。

もっとも、長い年月のあいだに季節が変わった季語もあります。たとえば朝顔。かつては秋の季語でしたが、今では夏になっています。夏休みに朝顔の観察をすることなどが流行したこともあって、朝顔に夏のイメージが定着したのです。花火も秋の季語でしたが、納涼の花火、夏祭りの花火がはやり、すっかり夏のものになっています。

つまり、季語の約束は絶対的なものでなく、環境や気候の変化などによって変わることもあるのです。そのことばが日常でまったく使われなくなり死語になる季語もあります。そうかと思うと、新しく生まれる季語もあります。わたしの『季語集』（岩波新書）ではたとえば次の語を新しい季語として提案しています。

球春
赤いカバ

季語「球春」は春の高校野球（甲子園）の時期のことをいいます。そのころ、プロ野球がキャンプインし、サッカーがはじまります。スポーツ新聞の見出しに「球春」の大文字が躍ります。赤いカバは夏の季語です。夏のカバは日焼け予防などのために赤い汗のようなものを分泌します。そのために動物園の夏のカバは赤いのです。それが季語「赤いカバ」です。

ところで、以上のような季語について、それは子どもにはむずかしいので、子どもは無理して使わなくてもよいのでは、という人がいます。季語が子どもの発想や表現の制約になっている、という見かたをしているのです。季語という約束をはなれてのびのびとつくったらよい、という意見ですが、これは、じつは句をつくったことのあまりない人が考えがちな意見です。

もうひとつの意見は、逆に季語を大事にします。ある小学校で子どもたちと俳句をつくったとき、最初に校長先生があいさつをされました。「俳句には季語があります。季語を通して四季や自然の豊かさを理解してください」という趣旨のあいさつでした。このように季語が大事、と考える人には、季語を日本の自然や文化特有のものと見る人が多いです。季語の理解は日本の伝統や風土の理解になるというわけです。たしかにそのような一面が季語にはありますが、あまりそれが強調されると、俳句づくりがややたいそうな感じになってしまいます。

そこで、わたしは第三の立場を提案します。季語を発想の手がかりとして活用するのです。俳句をつくる際、手ぶらでつくろうとしたらかなりむずかしいものです。何を中心にしてつくったらよいかに迷うからです。そういうとき、たとえば、「春の雲」という季語を手がかりにしてみましょう。

春の雲
夏の雲
秋の雲
冬の雲

このようにそれぞれの季節の雲をならべると、季節ごとの雲のちがいがわかります。冬の雲は雪をつつんでいる感じで寒そうですし、夏の雲はむくむくとわく入道雲です。秋はいわし雲やすじ雲。春の雲はぽっかりとういているか、うすくてやわらかい感じがします。

以上のような確認は歳時記を見るとかんたんにできます。歳時記は季語の約束を記したものです。春にむくむくと入道雲が出ていたとしても、それは「春の雲」にはなりません。その入道雲をどうしても表現(ひょうげん)したかったら「春の入道雲」といわなければならないでしょう。
では、季語の約束を確認(かくにん)できたら、こんどは「春の雲」の下、つまり下界の風景を考えてみましょう。

春の雲マクドナルドの新開店

春の雲いっぱいに窓(まど)開けている

春の雲さっとたこ焼き裏返(うらがえ)す

春の雲水槽(すいそう)抱(かか)え父戻(もど)る

春の雲母さんお肩(かた)をたたきましょ

春の雲二階の窓(まど)を拭(ふ)き終(お)えた

上のほうに春の雲があり、その雲の下にマクドナルドがあったり、だれかがたこ焼きを焼いています。ここでは五七五のことばの風景ができていますね。

前述（ぜんじゅつ）のように季語を手がかりにしてつくると、俳句（はいく）づくりがとてもやさしくなります。もちろん、楽しくもなるでしょう。

三時間目　オノマトペを使おう

俳句では、気持ちをそのまま表現するのは、よいことではありません。

海に来てアイスキャンデーうまいなあ

この句では、「うまいなあ」が気持ちのそのままの表現です。しかし、「うまいなあ」といわれても、どのようにうまいのか、読者にはわかりません。「きれい」「楽しそう」「いいなあ」「うれしい」なども気持ちの表現ですが、こういういいかたも読者にはわかりにくいものです。どのようにきれいか、どのように楽しそうなのかがわからないからです。では、どうしたらよいのでしょうか。

気持ちを具体的なイメージ（風景）、すなわち絵にすればよいのです。

海に来てアイスキャンデー左右の手

二本、つまり左手にも右手にもアイスキャンデーをもって食べています。その様子（イメージ）から、海に来て食べるアイスキャンデーのうまさを読者は納得するでしょう。また、次のようにしてもかまいません。

海に来てアイスキャンデー海の色

「海」ということばを二回使いました。その結果、リズムがとてもよくなっています。快いリズムがアイスキャンデーのうまさを伝えます。気持ちはリズムによっても表現できるのです。

気持ちをイメージで表現する。気持ちをリズムで表現する。以上のふたつが俳句ではとても効果的です。もっとも、どちらか一方で表現するのではなく、たいていの場合、イメージとリズムの両方をいかして句はつくられます。右にあげた句でも、「海に来てアイスキャンデー海の色」の場合、リズムがよいばかりでなく、アイスキャンデーが海のイメージと重なっています。イメージの点でもうまさを表現しているのです。

さて、今回は、イメージやリズムでなく、オノマトペによる気持ちの表現を提案します。

海に来てアイスキャンデーぺろぺろん

「ぺろぺろん」はアイスキャンデーをなめている様子を音で表したもの。ふつう、このようなことばをオノマトペ（擬音語・擬態語）といいますが、オノマトペをうまく使うと、気持ちを生き生きと表現することができます。「ぺろぺろん」というオノマトペは、食べているときの舌の様子などを感じさせ、しかもとてもすずしげです。

次にあげるのは小学校二年生のつくった俳句です。

ゴーヤくんつるのブランコるんるるん　**伊藤 宙輝**

「るんるるん」というオノマトペがとても楽しそうですね。そしてすずしそうでもあります。その楽しさやすずしさはゴーヤの様子ですが、同時に作者の気持ちでもあります。

教室にふわりわたげもさんかん日　**水谷 天音**

あまがえるどきどきするよおうだん中　**谷口 優太**

前述の二句も小学生の作品です。「ふわり」「どきどき」が効果的なオノマトペですね。
では、わたしのオノマトペの句をどうぞ。

三月の甘納豆のうふふふふ

たんぽぽのぽぽのあたりが火事ですよ

春の風ルンルンけんけんあんぽんたん

監修を終えて

小学生の俳句コンテスト、佛教大学小学生俳句大賞がはじまったのは、二〇〇七年であった。一万三千余句の応募があった。以来、応募句数は年々にふえ、昨年の第十回はなんと約四万句が集まった。

その数は、佛教大学小学生俳句大賞が全国の小学生に広く受けいれられていることを示すものだろう。佛教大学は教員の養成に力を入れており、小学生が俳句を通してことばへの関心を育てることは、本学の教育方針にかなうことであった。

この本は、佛教大学小学生俳句大賞が十回にいたったことを記念し、小学生向けに編集した俳句入門の本である。取りあげた作品は一回から十回の優秀句であり、坪内稔典とこの事業を担当する佛教大学広報課が編集にあたった。

坪内は俳句のつくりかたのエッセーを新たに書きおろし、コンテストの当初からの選考委員である山本純子（詩人・俳人）が優秀句の鑑賞文を書いた。

小学生俳句大賞は、当時の原田敬一文学部長の発議ではじまった。福原隆善、山極伸之、田中典彦といった歴代学長の全面的な支援、京都府、京都市、京都府教育委員会、京都市教育委員会の後援も受けた。

選考委員として第六回からは尾池和夫（俳人、元京都大学総長）に参加してもらっている。

事業の具体的な実践には代々の広報課職員があたったが、予備選考にくわわっていただいた地元の俳人のみなさん、佛教大学で文学や教育を学ぶ学生たち、大学の多くの関係者にも感謝する。

佛教大学小学生俳句大賞の成果をふまえたこの本は、全国各地の小学生に俳句をつくる楽しさを伝えようとするもの。

小学生がこの本を手に取り、そしてつくった句をコンテストに応募してくれたら最高だ。保護者や先生がたにもお楽しみいただきたい。

二〇一八年四月

坪内稔典（俳人、佛教大学名誉教授）

小学生のための俳句入門（はいくにゅうもん） 君も あなたも ハイキング

2018年4月18日　初版第1刷発行
2024年11月26日　初版第6刷発行

監修　**坪内稔典**（つぼうち ねんてん）

1944年愛媛県生まれ。立命館大学大学院修了。俳人、京都教育大学名誉教授、佛教大学名誉教授。佛教大学小学生俳句大賞選考委員。2010年『モーロク俳句ますます盛ん—俳句百年の遊び』（岩波書店）で第13回桑原武夫学芸賞を受賞。主な著書に『季語集』『柿喰ふ子規の俳句作法』『俳人漱石』（以上、岩波書店）『子規のココア・漱石のカステラ』（NHK出版）など、句集には『月光の音』（毎日新聞社）『水のかたまり』（ふらんす堂）など、多数。

編集協力　**佛教大学**（ぶっきょうだいがく）

仏教精神を建学の理念とし、とりわけ浄土宗開祖の法然上人の教えをその拠り所として設立された、京都市に位置する大学。2012年に開学100周年を迎えた。7学部（仏教、文、歴史、教育、社会、社会福祉、保健医療技術の各学部）、14学科（仏教、日本文学、中国、英米、歴史、歴史文化、教育、臨床心理、現代社会、公共政策、社会福祉、理学療法、作業療法、看護の各学科）、4研究科（文学、教育学、社会学、社会福祉学の各研究科）、7専攻（仏教学、文学、歴史学、生涯教育、臨床心理学、社会学、社会福祉学の各専攻）を設置する総合大学で約7000名が在籍。1953年に関西初の通信教育課程を併設。

カバー・本文イラスト — 大高郁子
装幀・本文デザイン — 坂川栄治＋鳴田小夜子（坂川事務所）

発行人 —— 泉田義則
発行所 —— 株式会社くもん出版
〒141-8488 東京都品川区東五反田2-10-2　東五反田スクエア11F
電話　03-6836-0301（代表）
03-6836-0317（編集）
03-6836-0305（営業）
ホームページアドレス　http://kumonshuppan.com/
印刷 —— 大日本印刷株式会社

NDC911・くもん出版・160p・21cm・2018年・ISBN978-4-7743-2767-9

CD 56194